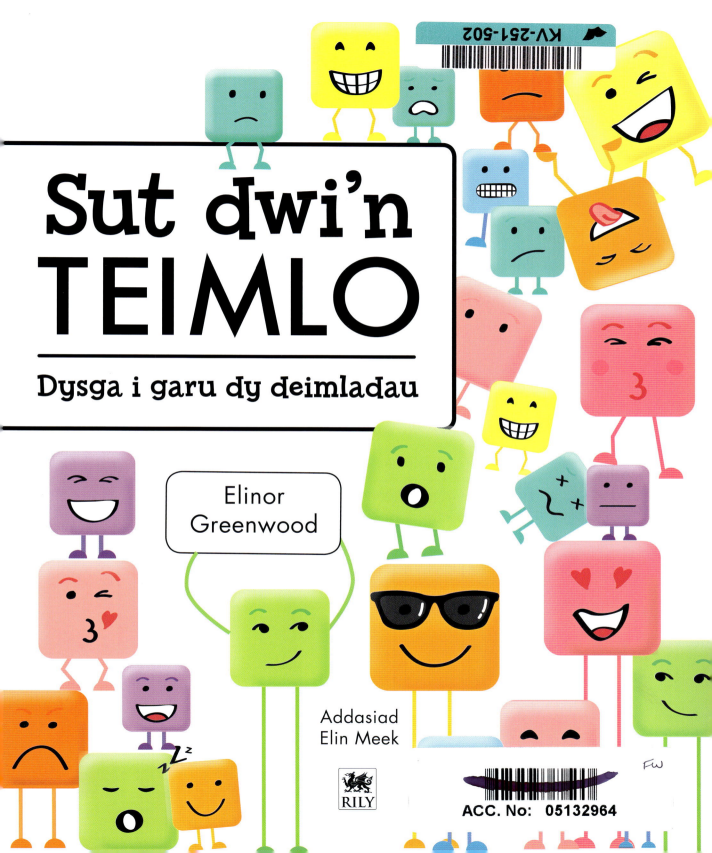

# Sut dwi'n TEIMLO

## Dysga i garu dy deimladau

Elinor
Greenwood

Addasiad
Elin Meek

RILY

**Addasiad Cymraeg gan** Elin Meek
**Testun gwreiddiol gan** Elinor Greenwood
**Golygydd y testun gwreiddiol** Violet Peto
**Golygydd Celf** Claire Patané
**Golygydd prosiect Celf ac Arlunwaith** Polly Appleton
**Arlunwaith ychwanegol** Charlotte Milner, Amy Keast
**Cymorth Dylunio** Charlotte Bull, Eleanor Bates
**Ymgynghorydd Seicoleg Plant** Maureen Healy
**Ymgynghorydd Gwyddoniaeth** Wendy Horobin
**Uwchgynhyrchydd cyn gynhyrchu** Nikoleta Parasaki
**Uwchgynhyrchydd** Amy Knight
**Dyluniad y clawr** Claire Patané
**Cydlynydd y clawr** Franscesa Young
**Golygydd Rheoli** Penny Smith
**Golygydd Rheoli Celf** Mabel Chan
**Cyhoeddwr** Mary Ling
**Cyfarwyddwr Celf** Jane Bull

Cyhoeddwyd gan Rily Publications Ltd,
Blwch Post 257, Caerffili CF83 9FL

Hawlfraint yr addasiad © 2019 Rily Publications Ltd
Addasiad Cymraeg gan Elin Meek

ISBN 978-1-84967-421-8

Cyhoeddwyd yn gyntaf yn 2018 dan y teitl
*My Mixed Emotions*, gan Dorling Kindersley Ltd,
80 Strand, Llundain, WC2R 0RL
Hawlfraint y testun gwreiddiol
© 2018 Dorling Kindersley Limited
Cwmni Penguin Random House.

Cyhoeddwyd gyda chymorth ariannol Cyngor Llyfrau Cymru.

Mae cofnod catalog CIP o'r llyfr hwn
ar gael o'r Llyfrgell Brydeinig.

Argraffwyd yn China.

**www.rily.co.uk**

# Cyflwyniad

Teimlo'n
# Hapus

Teimlo'n
# Ddig

Teimlo'n
# Ofnus

Teimlo'n
# Drist

Rwyt ti'n
# Rhyfeddod

# Cynnwys

# Mae ymdawelu'n rhoi nerth i ti!

# Nodyn i **oedolion**

Mae anwybyddu emosiynau plant yn llawer rhy hawdd, a meddwl nad ydyn nhw'n gobeithio, yn ofni nac yn breuddwydio fel bydd oedolion. Ond nid felly mae hi. Mae plant yn teimlo pethau i'r byw. Mae gan dri phlentyn ym mhob ystafell ddosbarth broblem iechyd meddwl sy'n gallu cael diagnosis, felly mae'n hanfodol rhoi cymorth i blant yn gynnar yn eu bywydau.

Mae angen iechyd meddwl da arnon ni i gyd, i fyw ein bywydau'n gadarnhaol ac i ddod yn ddigon cryf i ymdopi â phroblemau bywyd. Mae adnabod ein teimladau, siarad amdanyn nhw a gofyn am gymorth yn sgiliau bywyd sy'n ein helpu wrth ddod yn oedolion. Maen nhw'n sail i gynnal perthynas lwyddiannus, i'r awydd i ddysgu, ac yn y pen draw maen nhw'n ein helpu i ddatblygu'n oedolion ffyniannus sy'n gallu wynebu'r byd yn llawn hyder a hunan-gred.

Mae Place2Be yn cynnig cymorth yn yr ysgol a rhaglenni hyfforddiant manwl i wella lles emosiynol disgyblion, teuluoedd, athrawon, a staff ysgol. Rydyn ni'n cyrraedd dros 126,000 o blant bob blwyddyn, yn eu hannog i siarad am eu teimladau am faterion mor amrywiol â chyfeillgarwch, bwlio, teuluoedd yn chwalu, a galar.

Dydy hi byth yn rhy gynnar i ddechrau siarad â phlant am emosiynau, ac mae'r llyfr hwn yn lle gwych i ddechrau arni.

## Dame Benny Refson, DBE
Llywydd a sylfaenydd, Place2Be

I gael gwybod rhagor am waith Place2Be, neu i'n cefnogi ni, ewch i www.place2be.org.uk

### Cael help proffesiynol

Mae'n bosibl y bydd angen help proffesiynol ar blant weithiau. Mae pob plentyn yn wahanol, ac o bryd i'w gilydd does dim atebion hawdd. Os ydych chi'n poeni, ewch i weld eich meddyg teulu neu gofynnwch i ysgol eich plentyn am gael sgwrs. Byddan nhw'n gallu eich cyfeirio i'r man cywir, yn ôl anghenion unigol eich plentyn.

* Mae gan Childline linell gymorth 24 awr: 0800 1111

* Samariaid Caerdydd: 029 2034 4022

* Llinell gymorth gwybodaeth, cyngor ac eiriolaeth i blant a phobl ifanc hyd at 25 oed. 08088023456 meiccymru.org

* Mae gan Youngminds.org.uk linell gymorth am ddim i rieni: 0808 802 5544

* Mae'r holl linellau cymorth iechyd meddwl ar y dudalen we hon gan NHS Choices: www.nhs.uk/conditions/stress-anxiety-depression/mental-health-helplines/

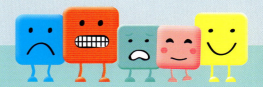

# Cwrdd â dy **emosiynau**

**Helô, mae'n hyfryd cwrdd â ti!** Sut rwyt ti'n **teimlo** heddiw?

Mae teimladau'n effeithio ar bob rhan o'n bywydau, bob dydd ...

... felly peth da yw dod i wybod amdanyn nhw.

Cyffrous

Nerfus

Swil

Hapus

yn llawn embaras

yn llawn cariad

Blin a chrac

Llonydd

Yn fodlon

# Dyma bedwar o'r EMOSIYNAU MAWR.

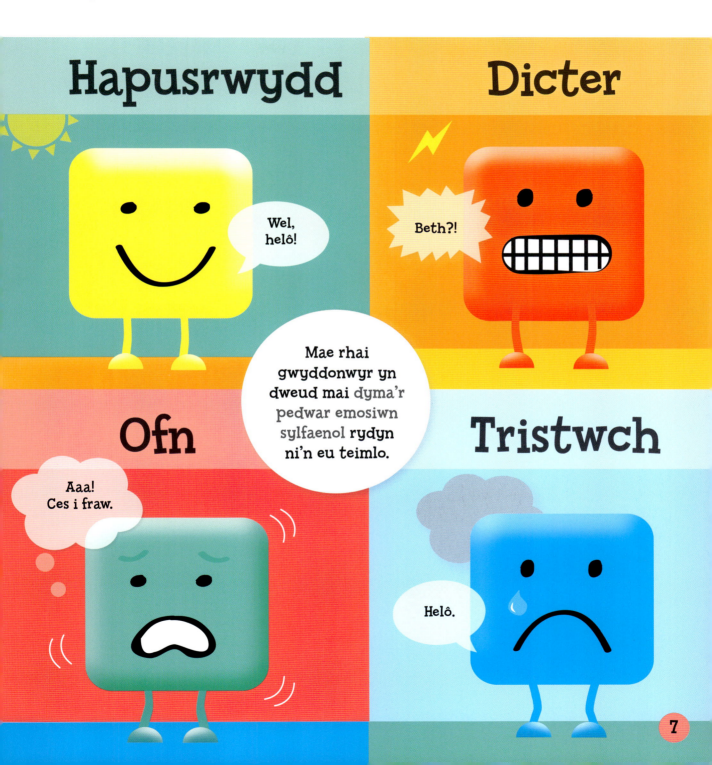

Hapusrwydd

Wel, helô!

Dicter

Beth?!

Mae rhai gwyddonwyr yn dweud mai dyma'r pedwar emosiwn sylfaenol rydyn ni'n eu teimlo.

Ofn

Aaa! Ces i fraw.

Tristwch

Helô.

Mae **teimladau** ac **emosiynau'n** dechrau'n ddwfn yn dy **ymennydd. O'r fan honno,** maen nhw'n effeithio ar bob rhan ohonot ti, o'r corun i'r sawdl.

Dyma sut mae dy ymennydd yn ymateb i rywbeth brawychus neu beryglus.

Mae emosiynau'n cael eu gwneud yma!

Cortecs ar flaen yr ymennydd.

Thalamws

Hypothalamws

Hipocampws

**1**

Mae dy **lygaid** yn gweld **corryn enfawr.**

**2**

Fel switsfwrdd anferth, mae dy **thalamws** yn anfon yr wybodaeth o dy lygaid i rannau eraill yr **ymennydd.**

8

Mae emosiynau'n gymhleth, ond gall dy ymennydd roi trefn arnyn nhw!

**3**

Mae dy **hipocampws** yn gwneud penderfyniad - **mae hyn yn frawychus!**

Mae hyn i gyd yn digwydd mewn degfed rhan o eiliad!

**Mae emosiynau'n gwneud i ti ymateb yn gyflym.**

**4**

Mae **cortecs blaen dy ymennydd** yn rhyddhau cemegion i wneud i ti **ymateb.**

AAAA!

Oeddet ti'n gwybod bod dy gorff weithiau'n ymateb i dy emosiynau'n gynt na dy feddwl? Rwyt ti'n mynd yn emosiynol os yw dy wddf, dy ên, dy ysgwyddau, dy freichiau, dy ddwylo neu dy frest yn mynd yn dynn. Yna ceisia newid y sefyllfa.

**5**

Yr **hypothalamws** sy'n rhoi'r rhybudd. Mae'n anfon negeseuon i ryddhau **hormonau straen.** Nawr rwyt ti'n rhedeg i ffwrdd.

Rhed!

# Am **deimlad!**

**Edrych** ar y lluniau hyn o **gorff dynol.** Mewn astudiaeth, dyma lle dywedodd pobl y maen nhw'n **teimlo'r emosiynau** gwahanol.

## Atgasedd

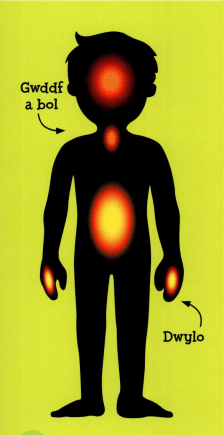

Gwddf a bol

Dwylo

## Hapusrwydd

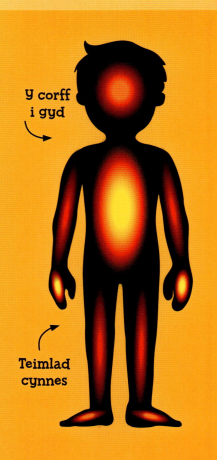

Y corff i gyd

Teimlad cynnes

## Dicter

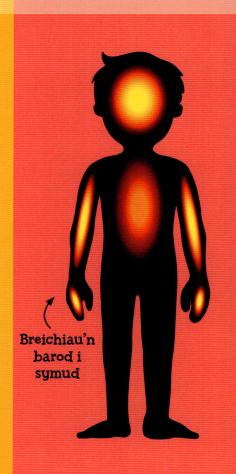

Breichiau'n barod i symud

Mae'r negeseuon o dy ymennydd yn effeithio ar dy gorff i gyd.

**Wyt ti'n cytuno? Tynna luniau o siâp y corff** ac yna lliwia'r mannau lle rwyt ti'n teimlo dy emosiynau gwahanol. Defnyddia'r lliw coch ar gyfer y rhannau sy'n aflonydd, a glas am y rhai sy'n llonydd.

## Tristwch

## Ofn

## Cenfigen

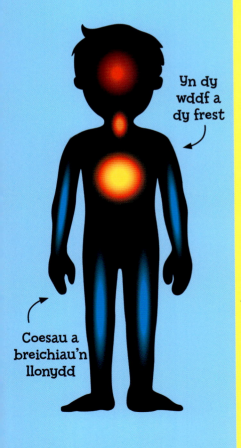

Yn dy wddf a dy frest

Coesau a breichiau'n llonydd

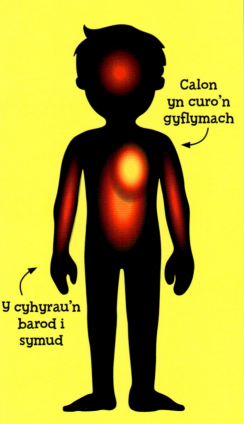

Calon yn curo'n gyflymach

Y cyhyrau'n barod i symud

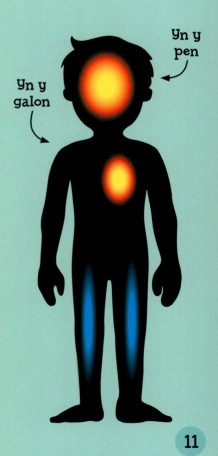

Yn y pen

Yn y galon

# Mae **pob un** yn **bwysig**

## Mae pob teimlad, gan gynnwys dicter, ofn a thristwch, yn bwysig.

**Maen nhw'n naturiol** ac yn rhan ohonot ti. Felly mae croeso i ti **ddangos dy deimladau!**

**Mae emosiynau yn ein helpu ni i oroesi**

Ers i bobl fod yn byw ar y ddaear, mae emosiynau wedi ein helpu i oroesi.

Mae **dicter** yn ein helpu ni i godi ar ein traed ac amddiffyn ein hunain.

**Dicter**

**Ofn**

Gall **ofn** ddweud wrthon ni pan mae angen i ni redeg i ffwrdd.

Y peth pwysig yw sut rydyn ni'n trin ein teimladau. Dwi'n mynd yn ddig pan mae pobl yn dweud bod dicter yn beth drwg. Grrr!

12

Mae **tristwch** yn dangos i bobl eraill bod angen help arnon ni.

**Tristwch**

**Pam mae angen emosiynau arnon ni?**
Mae emosiynau yn helpu pobl eraill i'n deall ni. Maen nhw'n ein helpu ni i ddod i ddeall ein hunain ac i greu perthnas gadarn â phobl eraill.

Mae **hapusrwydd** yn gwneud i ni fod yn llawn bywyd a mwynhau cwmni pobl eraill.

**Hapusrwydd**

Mae **atgasedd** yn dweud wrthon ni am boeri eirin gwenwynig allan.

**Atgasedd**

Mae **cariad** yn ein helpu ni i gael perthynas agos â'n gilydd.

**Cariad**

"Mae **pethau rhyfeddol** ar y **gweill** ar eich cyfer. Mae **llawer o bethau gwych** yn **disgwyl** amdanoch!"

Charlie a'r
Ffatri Siocled

**Roald Dahl**

# Beth yw hapusrwydd?

Yn ôl gwyddonwyr, **pedwar cemegyn 'teimlo'n dda'** yn dy **ymennydd** yw hapusrwydd.

> Pan fyddi di'n gwenu, mae'r cemegion hapusrwydd yn cael parti bach yn dy ben!

**1 Dopamin** sy'n llifo i'r ymennydd pan fyddi di'n teimlo pleser.

**2 Serotonin** sy'n helpu i gadw'r teimladau da i lifo.

**3 Endorffinau** yw'r cemegion 'teimlo'n dda' sy'n gwneud i ti deimlo llai o boen.

**4 Ocsitosin** yw'r hormon "cwtsio", sy'n dod wrth gael cwtsh a sws.

## Chwerthin yn braf

Chwerthin yw'r ymarfer hwyl gorau.

Mae hormonau hapus yn rhuthro o gwmpas dy ymennydd

Mae dy system imiwnedd yn cael hwb

Mae aer ffres yn llenwi dy ysgyfaint

Mae dy gyhyrau di'n ymlacio

## Hud hapusrwydd

Mae gwyddonwyr wedi profi bod pobl hapus yn cael ... mwy o hapusrwydd!

 Oherwydd dy fod ti'n teimlo'n well, rwyt ti'n gwneud yn well.

 Rwyt ti'n symud yn gyflymach ac yn cerdded yn fwy sionc.

 Rwyt ti'n dod ymlaen yn well gyda ffrindiau a'r teulu.

 Mae dy gorff yn gwella'n gynt ac mae'n fwy iach.

 Mae hapusrwydd yn dy helpu i ymdopi'n well â straen a phryder.

 Rwyt ti'n fwy hael.

 Mae dy egni hapus yn heintus.

17

**Dychmyga** fod powlen fawr gyda ti er mwyn paratoi **cacen hapusrwydd.** Beth yw'r **cynhwysion?**

Bod y tu allan ym myd natur

Ymarfer corff

Meddwl am atgofion hapus

Byddai gwyddonydd yn defnyddio'r cynhwysion hyn i gyd. Mae prawf eu bod nhw i gyd yn rhyddhau cemegion hapusrwydd.

Gwenu a chwerthin

Bod gyda ffrindiau a phobl eraill

Dweud "diolch" a bod yn ddiolchgar

**Wyt ti'n gallu meddwl am ragor o gynhwysion?**

## Gemau cyfrifiadurol

Mae chwarae gemau'n hwyl, wrth gwrs, ond ydy e'n ffordd dda o wneud atgofion hapus? Mae gwyddonwyr yn credu y byddet ti'n fwy hapus taset ti'n gwneud gweithgareddau gyda ffrindiau a'r teulu, felly ceisia gael cydbwysedd hapus.

## Dewis hapusrwydd

Mae bywyd fel reid yn y ffair – lan a lawr o hyd. Mae'n gwneud lles i ti feddwl am y pethau da yn dy fywyd. Wedyn gwna benderfyniad, dewisa fod yn hapus nawr!

19

# Bydd yn **ddiolchgar**

**Mae cyfrif** dy **fendithion,** a bod yn **ddiolchgar** am y pethau da yn dy fywyd, yn ffordd iach o **deimlo'n hapusach.**

Helô, dwi wrth fy modd yn cael cwrdd â ti. Diolch am fod yn ffrind i mi!

## Iawn! Dwi'n ddiolchgar!

Ond nid dim ond dweud "diolch" yw bod yn ddiolchgar. Diolchgarwch yw gwerthfawrogi pethau. Dydy pob dydd ddim yn berffaith, ond mae bod yn ddiolchgar am bethau, bach neu fawr, yn cael gwared ar ddicter a theimladau negyddol. Wedyn, rwyt ti'n fwy hapus.

Dwed "Diolch!"

### Cyfra ar un llaw
I ddechrau arni, gofynna i dy hunan, "Am beth dwi'n gallu bod yn ddiolchgar?" a gweld pa syniadau gei di.

Edrych ar dy law, neu tynna linell o'i chwmpas, a rho un peth i fod yn ddiolchgar amdano ar bob bys.

Gwna'r un peth gyda'r llaw arall hefyd.

**Y pethau bach**
Oes, mae llawer i fod yn ddiolchgar amdano. Edrych ar y pethau sydd gen ti (hyd yn oed y rhai bach), nid ar y pethau sydd ddim gen ti.

**Un peth** sydd gen ti yw **TI**, felly bydd yn **ddiolchgar** am y person **rhyfeddol** wyt **ti.**

Edrych ar y cae o flodau. Mae pob blodyn yn arbennig. Dychmyga dy fod ti'n mynd i gasglu tusw o flodau i dy hunan! Dewisa'r blodau sy'n dy ddisgrifio di ac rwyt ti'n gallu bod yn ddiolchgar amdanyn nhw.

gofalgar

creadigol

clyfar

hael

caredig

cadarnhaol

cyfeillgar

onest

penderfynol

doniol

trefnus

## Da iawn ti!

Rwyt ti'n gallu bod yn **ddiolchgar** am lawer o bethau rwyt ti'n llwyddo i'w gwneud **bob dydd**. Does dim ots os ydyn nhw'n rhai bach. Beth wnest ti heddiw?

- Wyt ti wedi rhannu'n dda?
- Oeddet ti'n frwdfrydig?
- Weithiaist ti'n galed?
- Wnes ti rywbeth dewr?
- Ddwedaist ti jôc ddoniol?
- Fuest ti'n garedig wrth ffrind?

Rwyt ti wedi gwneud yr **holl bethau hyn** oherwydd mai **TI wyt TI!**

dewr

dychmygus

cariadus

amyneddgar

chwareus

llawn egni

mentrus

artistig

meddylgar

hwyliog

gweithgar

parod i helpu

23

# Amser i gael hoe

Mae'n haws cael **cydbwysedd hapus** wrth **ymlacio** ac **ymdawelu**.
Mae'n amser i gael **hoe** fach.

Dyma rai o'r pethau da sy'n digwydd wrth ymlacio:

Gall dy stumog dreulio bwyd yn well.

Byddi di'n anadlu'n arafach.

Mae dy bwysedd gwaed yn disgyn.

Mae'n helpu dy gorff i wella os wyt ti'n sâl.

Mae'n haws canolbwyntio ac mae dy hwyliau'n gwella.

Byddi di'n cysgu'n well.

Mae dy galon yn curo'n arafach.

Mae llai o hormonau straen yn cael eu rhyddhau.

Mae dy gyhyrau'n llacio.

Mae ymlacio'n hyfryd. Rho gynnig arni!

24

# Beth rwyt ti'n ei wneud i ymlacio?

Mynd am dro yn yr awyr agored

Dyma rai gweithgareddau fydd yn dy helpu i ymlacio pan fyddi di'n teimlo:

Ymarfer

Wedi blino   O dan straen   Yn bryderus

Gwrando ar gerddoriaeth

Cael bath cynnes braf

Anadlu'n ddwfn

Gwylio ffilm ddoniol

ChChCh

Gorwedd am ychydig

## Cysgu'n dda

Mae cwsg yn bwysig iawn – dyna pryd rwyt ti'n tyfu (dim ond pan fyddi di'n cysgu mae'r corff yn cynhyrchu hormonau tyfu). Hefyd mae digon o gwsg yn dy helpu i deimlo'n gadarnhaol ac yn hapus.

Ac os nad wyt ti'n cael digon o gwsg, efallai y byddi di'n teimlo fel y rhain!

Gorfywiog

Dig

Barus

Pigog   Diflas

25

# Ymlacia, ymlacia

Dyma **awgrymiadau** a **thechnegau** i ti gael **ymdawelu** ac **ymlacio'n** llwyr.

**1** **Arogla'r blodyn a diffodda'r gannwyll**

Anadla i mewn drwy dy drwyn wrth gyfrif i bedwar yn dy ben. Yna anadla allan drwy dy geg wrth gyfrif i bedwar eto. Esgus dy fod ti'n arogli blodyn, yna'n chwythu i ddiffodd cannwyll.

Arogla'r blodyn

1 2 3 4

Diffodda'r gannwyll

1 2 3 4

## Anadla i ymdawelu

Galli di wneud yr ymarferion anadlu syml hyn unrhyw bryd, yn unrhyw le.

Dal am ddwy eiliad

Dilyn y seren â dy fys wrth i ti anadlu.

**2**

**Anadlu bol**

Rho dy ddwylo ar dy fol, sy'n gwneud balŵn mawr wrth i ti anadlu i mewn yn araf ac yn ddwfn drwy dy drwyn.

Anadla i mewn yn ddwfn

Dal dy anadl a gwena

Anadla allan yn ddwfn

**3**

**Anadlu seren**

Os wyt ti'n teimlo'n drist neu'n ddig, ymdawela drwy anadlu'n araf ac yn dawel.

Dal am ddwy eiliad

Anadla allan

Anadla i mewn

Anadla i mewn

Anadla allan

Dal am ddwy eiliad

Anadla allan

Anadla i mewn

Anadla i mewn

Anadla allan

Dal am ddwy eiliad

Dal am ddwy eiliad

26

Gwna fwa

Ceisia aros yn llonydd

Pen-ôl i fyny

## Coda dy gefn fel cath

Cer ar dy bedwar, tynna dy fol i mewn, a gwna fwa gan blygu dy gefn fel cath. Ymlacia dy ben. Yna gwna bant yn dy gefn a chodi dy ben.

## Cydbwyso fel fflamingo

Ysgwyddau'n ôl, breichiau allan, cwyd dy droed chwith, a chura dy freichiau'n araf i fyny ac i lawr. Yna gwna'r un peth efo'r goes dde.

## Ci ar i lawr

Pen i lawr, dwylo ar led, dy ben-ôl i fyny, a dy goesau'n syth. Gwna dy gorff yn siâp 'V' ben i waered.

Mae **ioga'n** dy helpu i fod yn **hyblyg** ac yn **gryf**, ac i **ymlacio**. Ceisia wneud **ystumiau** fel yr **anifeiliaid hyn**.

Pen yn uchel

Twit tw hw!

## Hisian fel cobra

Ysgwyddau i lawr, gwddf hir, mae'r cluniau'n aros ar y llawr gyda'r coesau wedi'u hymestyn yn hir. Hisssian!

## Gwdihŵ!

Eistedda ar dy sodlau, rho gledrau dy ddwylo ar dy bengliniau. Tro ran uchaf dy gorff i'r naill ochr ac yna i'r llall, fel tylluan sy'n troi ei phen.

27

Mae'n siŵr o fod yn ddiwrnod da!

# **Beth** yw **meddylgarwch?**

Ystyr **meddylgarwch** yw **sylwi ar dy feddyliau** a bod yn **ymwybodol** o sut mae dy **gorff yn teimlo** NAWR.

## Hud anifeiliaid

Rho gynnig ar fyfyrio. Eistedda'n gyfforddus, a chanolbwyntia ar dy synhwyrau. Esgus fod gen ti synhwyrau mor bwerus â'r anifeiliaid hyn ...

... llygaid sy'n gweld fel eryr.

... tafod sy'n blasu fel neidr.

... clustiau sy'n clywed fel ystlum.

... trwyn sy'n ffroeni fel ci.

... bysedd sy'n teimlo fel y mae corryn yn teimlo dirgryniadau.

# Taith gerdded sylwi

Sylwa wrth gerdded. Canolbwyntia ar dy synhwyrau. Beth rwyt ti'n ei Weld, ei Glywed, ei Arogli, ei Deimlo? Oes rhywbeth nad wyt ti wedi sylwi arno o'r blaen?

**Gweld** – awyr las, blodau, coed, pobl yn chwarae gemau.

**Clywed** – plant yn chwarae, awyrennau'n hedfan heibio.

**Arogli** – porfa, blodau.

**Teimlo** – haul cynnes, awel ysgafn.

**Blasu** – afal.

Wedyn, tynna linell o gwmpas dy law a gwna atgof. Mae cofio gyda'r synhwyrau i gyd yn helpu atgofion i aros yn dy gof.

## Meddylgarwch!
Dyma ambell syniad arall er mwyn ymarfer meddylgarwch.

Cyn i ti godi – sylwa ar bob rhan o dy gorff fesul un. Dechreua gyda'r bysedd traed a gorffen gyda'r pen. Sut mae pob rhan ohonot ti'n teimlo heddiw?

Amser bwyd – sylwa ar dy fwyd a'i flasu drwy fwyta'n araf, a defnyddia dy synhwyrau i gyd.

Unrhyw bryd – cymer gyfle i ymarfer bod yn ddiolchgar am un neu ddau o bethau pob dydd, a dwed wrth dy deulu beth yw'r pethau hynny.

# Dicter

> "Dwi ddim yn **ofni stormydd,** oherwydd dwi'n **dysgu** sut i **hwylio** fy **llong**.

*Little Women*

**Louisa May Alcott**

# Mynd yn **wyllt gacwn**

Wyt ti wedi **colli dy dymer** erioed?
Wnest ti **weiddi** a **sgrechian** ac
oeddet ti eisiau bwrw rhywbeth?
Mae **dicter** yn **emosiwn** iach ac
mae pawb yn ei deimlo weithiau.

Mae dicter yn gallu dy helpu i dy amddiffyn dy hunan a newid pethau sy'n annheg. Mae'n gallu bod yn beth da.

**Edrych ar y wynebau hyn. Pa un sy'n edrych yn ddig?**

a

b

c

ch

d

dd

e

f

Mae **dicter** yn paratoi dy gorff i wneud rhywbeth.

**Rheola dy ddicter. Paid â gadael i ddicter dy reoli di!**

| **Dy ymateb** | **Beth sy'n digwydd?** |
|---|---|

**CAM 1**

Clywais i 'na!

### Rhoi rhybudd
Mae dy ymennydd yn dweud wrth dy gorff am greu hormonau straen. Mae'r rhain yn gwneud i'r galon guro'n gyflymach, i yrru gwaed ar frys i'r cyhyrau. Mae angen ocsigen ar dy gyhyrau felly rwyt ti'n dechrau anadlu'n gyflymach.

**CAM 2**

Dim o GWBWL!

### Llif o egni
Mae'r hormon "ymladd" yn cael ei ryddhau, fel bod dy ddicter yn nerthol. Mae dy gyhyrau'n mynd yn dynn. Mae dy gorff yn gweithio'n galed. Rwyt ti'n dechrau teimlo'n boeth ac mae dy wyneb yn mynd yn goch.

**CAM 3**

BETH alwaist ti fi?

### Mynd yn fwy dwys o hyd
Mae dy gyhyrau'n dechrau symud, yn barod i wneud rhywbeth. Rwyt ti'n dechrau gwgu a gwasgu dy wefusau at ei gilydd. Mae dy bwls yn mynd yn gyflymach ac mae cledrau dy ddwylo'n mynd yn boeth.

**CAM 4**

Aaaaa!

### Pwynt berwi
Rwyt ti'n siarad yn gryfach ac yn gyflymach. Mae dy galon yn dechrau curo'n drwm. Mae dy fochau'n mynd yn goch, goch. Mae dy gorff yn ceisio oeri, felly mae dy wythiennau'n sticio allan ac rwyt ti'n dechrau chwysu.

**CAM 5**

Dwi mor flinedig.

### Wedyn
Wedyn, efallai byddi di wedi blino'n lân ac eisiau crio, wrth i'r hormonau straen adael dy gorff, ac rwyt ti'n dechrau ymdawelu.

# Rheoli **dicter**

Mae **dicter** yn gallu bod fel **mynydd iâ**. Rhan **fach iawn** sydd ar yr arwyneb. Mae'r rhan fwyaf o'r mynydd iâ **o dan yr wyneb**.

GRRRRR!

**dicter**

embaras

methu gwneud dim

o dan straen

unig        euog

methu dianc

cenfigennus

rhwystredig

nerfus

Weithiau mae'n anodd pwyllo.

Beth am blymio i lawr yn ddyfnach?

**Dydy dicter ddim yn syml!** Ceisia weld beth yw'r broblem go iawn drwy siarad ag oedolyn.

**Rhybudd! Cymer hoe … gwna ymarfer corff … cerdda i ffwrdd …**

## Rheoli dy dymer

Ffordd effeithiol o reoli dy dymer, a'r hawsaf, yw sylweddoli beth sy'n digwydd i ti CYN i ti fynd yn wyllt gacwn. Yna rwyt ti'n gallu gwneud rhywbeth am y peth, fel dweud:

**"Dwi'n teimlo'n ddig!"**

# Awgrymiadau defnyddiol
## pan fyddi di'n dechrau teimlo'n ddig

**1**

**Rho dy ddwylo yn dy bocedi** neu eistedd arnyn nhw. Bydd hyn yn dy helpu i beidio ymateb.

**2**

**Anadla'n ddwfn a chwytha i mewn i dy ddwylo –** dyma ffordd wych o ymdawelu'n gyflym.

**3**

**Cyfra i bump –** mae'r dacteg syml hon yn rhoi cyfle i ti feddwl cyn ymateb.

**4**

**Gwna ddwrn, yna ymlacia dy law –** dyma ffordd wych o gael gwared ar y tensiwn sy'n crynhoi yn dy gorff.

**5**

**Gofynna am gwtsh –** chwilia am rywun rwyt ti'n ei garu a chwtsio nes byddi di'n ymdawelu.

# Beth yw tegwch?

**Trin pobl yn gyfartal yw tegwch.** Cymryd tro, dweud y gwir, gwrando gyda meddwl agored, a chyfaddef bai.

Tegwch yw un o'r gwerthoedd moesol mwyaf pwysig yn y byd.

**Ydy hyn yn deg?**
Os yw dy chwaer yn cael pâr newydd o esgidiau, efallai byddi di'n teimlo "dydy hynny ddim yn deg!". Ond efallai fod ANGEN esgidiau newydd ar dy chwaer. Nid 'pawb yn cael yr un peth' yw tegwch. Tegwch yw bod pawb yn cael beth sydd ei angen pan fydd ei angen.

Dydy hi ddim yn deg! Does dim sbectol gan bawb!

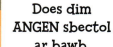

Does dim ANGEN sbectol ar bawb.

36

# Teg neu Annheg?

Ble mae'r sefyllfaoedd hyn yn mynd ar y raddfa ddicter i ti ac i bobl eraill?

Mae fy chwaer yn cael eistedd wrth y ffenest ETO.

Mae tegan newydd gan dy ffrind, ond chei di ddim chwarae ag e.

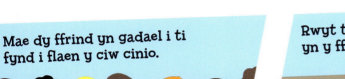

Mae dy ffrind yn gadael i ti fynd i flaen y ciw cinio.

Rwyt ti wedi cadw sedd i rywun yn y ffreutur.

Cafodd dy chwaer arian ar ei phen-blwydd ond chest ti ddim.

Mae dy frawd wedi mynd i'r sinema gyda dy fam ond rwyt ti gartref.

Efallai i ti glywed oedolion yn dweud "Dyw bywyd ddim yn deg", ac efallai mai dyna sut mae'n teimlo weithiau. Os nad yw pethau'n mynd yn dda i ti, defnyddia'r technegau ar y tudalennau nesaf er mwyn teimlo'n well.

# **Gollwng** gafael

Yn aml, mae dy **ddicter** yn rhesymol ac yn iach. Hyd yn oed wedyn, dydy hi ddim yn braf teimlo bod pethau **ddim yn deg**. Felly sut rwyt ti'n gallu delio â **rhwystredigaeth** a **dicter?**

## Cadw dy ben

Mae cadw dy ben yn gallu bod yn anodd – wyt ti'n barod am yr her?

**1**

**Y cam cyntaf**
Rwyt ti'n dechrau teimlo fod rhywbeth 'ddim yn deg'. Mae dy frest yn mynd yn dynn. Wrth feddwl, rwyt ti'n mynd yn fwy dig.

**2**

**Stopia!**
Gwasga'r brêc! Paid ag ymateb a mynd i helynt. Dydy hi byth yn rhy hwyr i ti newid dy ymddygiad.

**3**

**Cau dy lygaid**
Paid ag edrych ar y sefyllfa. Byddi di'n pwyllo'n gyflymach wrth wneud hyn.

**4**

**Anadla**
Cofia dy ymarferion anadlu o dudalen 26!

**5**

**Penderfyna**
Ar ôl pwyllo, meddylia beth yw'r ffordd orau o ddelio â beth ddigwyddodd.

Rwyt ti'n gallu rhoi gwybod i bobl dy fod ti'n ddig, a chadw dy ben ar yr un pryd.

**Dychmyga** mai balŵn

"Dyw hi ddim yn deg!"

yw dy rwystredigaeth di.

Nawr esgus ollwng gafael arno.

"Dyw hi ddim yn deg!"

## Dy her

O hyn ymlaen, meddylia am yr her "cadw dy ben" bryd bynnag byddi di'n teimlo dy fod ti'n colli dy dymer. Cofia anadlu a chymryd rheolaeth dros dy hunan eto.

39

Mae **cenfigen** yn **deimlad naturiol**.
Mae babanod hyd yn oed yn ei deimlo.
**Ond** mae'n gallu troi person **hapus,
cyfeillgar,** yn anghenfil
â **llygaid gwyrdd.**

Dwi eisiau **hwnna**!

### Beth yw cenfigen?
Teimlo'n ddig neu'n drist am beth sydd gan bobl eraill, neu am beth maen nhw'n gallu ei wneud.

## Ceisia beidio â chymharu dy hunan ag eraill.

Mae e'n fwy poblogaidd a chlyfar na fi.

Mae hi'n fwy doniol a charedig na fi.

hefyd yn rhyfeddol

rhyfeddol

Mae'r anghenfil â llygaid gwyrdd yn gallu sleifio at y bobl orau. Ond does dim llawer o bobl yn ennill y gêm gymharu.

# Wyt ti'n llawn cenfigen?

**Mae'r doctor cenfigen** yn dod i **helpu!**

 **Atebion sydyn**

- **Ailadrodda:** "Dwi'n ddigon, mae gen i ddigon."
- **Meddylia:** Beth rwyt ti'n dda yn ei wneud?
- **Gwna:** Beth rwyt ti'n caru ei wneud?
- **Siarada:** Dwed rywbeth caredig.

Www! Dw i'n cael pwl bach.

**Gwella o bwl o genfigen**

Mae pawb yn gallu teimlo'n genfigennus weithiau. Pan fyddi di'n teimlo'n genfigennus, anadla'n ddwfn a cheisia feddwl am rywbeth rwyt ti'n ddiolchgar amdano.

# Sut rwyt ti'n teimlo?

| Problem | Symptomau | Ateb |
|---|---|---|
|  Mae fy chwaer yn cael popeth. Mae fy rhieni'n dangos ffafriaeth ati hi! |  • Ymladd<br>• Tynnu coes<br>• Cuddio pethau<br>• Clepian<br>• Galw enwau | Dysga rannu, cyfaddawdu, a dwed beth rwyt ti'i eisiau. Dwed wrth dy rieni sut rwyt ti'n teimlo.  |
| Mae fy ffrind gorau wedi dod o hyd i rywun arall i chwarae â hi. |  • Cynllunio i ddial<br>• Hel straeon<br>• Dweud pethau, ac yna difaru'n hwyrach. | Canolbwyntia ar blant eraill ac ar wneud ffrindiau newydd.  |
| Mae partner newydd Mam yn cymryd lle fy nhad go iawn, ac mae'n tynnu sylw oddi wrtha i. |  • Bod yn anghwrtais<br>• Mynnu cael sylw | Cymera hyn gam wrth gam. Ceisia ddod i'w adnabod e gan bwyll – does dim brys. Dwed wrth dy riant sut rwyt ti'n teimlo.  |
|  Mae plant eraill yn llawer gwell am wneud pethau na fi. |  • Tynnu coes<br>• Lladd ar bobl<br>• Rwyt ti'n teimlo fel rhoi'r ffidl yn y to | Rhestra dy ddoniau dy hunan a derbynia fod pawb yn unigryw. Rwyt ti'n anhygoel hefyd.  |

> Bydd yn **wrol,**
> paid â **llithro** …
>
> (emyn Cymraeg)

> Bydd yn **ddewr,**
> yn **gryf,** yn **gariadus.**
>
> (gwireb Cymraeg)

# Mae'n **codi gwallt** dy ben!

Mae **cwrdd â phobl newydd** neu ddarllen yn uchel yn gallu codi ofn. Dwyt ti ddim yn wan os wyt ti'n **ofnus. Mae pawb yn teimlo'n ofnus weithiau!**

## Ymladd neu ffoi?

Mae pobl wedi teimlo'r ymateb "ymladd neu ffoi" ers dechrau cerdded ar y Ddaear. Pan oedd dyn ogof yn gweld neidr, roedd dau ddewis:

**1** **Rhedeg i ffwrdd = ffoi**

**2** **Ymladd â'r neidr = ymladd**

## Mae dy gorff yn paratoi i weithredu'n gyflym (neu i ddianc).

**Ymennydd –** rhyddhau hormonau straen

**Llygaid –** cannwyll y llygaid yn chwyddo, gweld drwy dwnnel

**Dwylo –** crynu

**Clustiau –** colli clyw

**Ceg –** sych

**Breichiau –** blew'n codi

**Calon –** curo'n gyflymach

**Croen –** cochi

**Cyhyrau –** mynd yn dynn

**Stumog –** y broses dreulio yn arafu

**Pledren –** ymlacio

46

Wyt ti'n gofidio llawer? Efallai dy fod ti wedi etifeddu hyn o'r teulu.

# Beth yw'r gwahaniaeth?

Ofn a gofid – dyma eiriau am deimladau annymunol pan mae rhywun yn ofnus – ond beth yw'r gwahaniaeth?

**Ofn** – teimlo braw. Rwyt ti'n gallu ofni'r tywyllwch neu rywbeth dychrynllyd fel neidr.

**Gofid** – poeni. Rwyt ti'n gallu gofidio am wneud ffrindiau mewn ysgol newydd, neu am basio dy brawf sillafu.

## OFN

### Llygoden ofnus

Mae'r llygoden yn teimlo'n ofnus oherwydd bod perygl gerllaw. Bydd ofn yn gwneud iddi redeg i ffwrdd.

## GOFID

Beth os yw'r gath yn dod allan?

### Llygoden ofidus

Mae'r llygoden yn poeni y gall fod cath o gwmpas. Mae hi'n ofidus.

# Sut i setlo gofid

Mae **gofid** yn gallu troi pethau bach yn bethau **enfawr.** Ond rwyt ti'n **gallu** lleddfu dy ofid.

Wyt ti'n gofidio am unrhyw un o'r rhain? Mi ydw i!

Mae gofid yn gallu tyfu a thyfu wrth i ti feddwl, a mynd yn fwy gofidus.

Dychmyga fod gen ti ffon hud.

Nawr defnyddia hi i wneud i dy ofid

Sap!
Wedi diflannu!

fynd yn ... llai, ac yn llai, ac yn llai.

**Mae llawer o blant yn gofidio am y pethau hyn**

- Cwrdd â phobl newydd
- Yr ysgol
- Problemau yn y teulu
- Rhywbeth cas yn digwydd
- Cweryla â ffrindiau
- Bod yn sâl yn yr ysgol
- Angenfilod a'r tywyllwch
- Bwlio
- Profion

48

**Dwed wrth dy hunan: "Dwi'n ddewr, dwi'n gallu gwneud hyn, dwi'n gryf!"**

# Ymarfer datrys gofidiau

Gwna'r ymarfer hwn ac edrych ar dudalen 26 am ymarferion anadlu hefyd.

Helpwch fi, plis!

## 1

### Gweithia'r peth allan

Weithiau mae'n amlwg am beth rwyt ti'n gofidio. Dro arall, dydy hi ddim. Ysgrifenna dy ofidiau neu sibryda nhw wrth hoff degan a gweld beth sydd wir yn dy boeni di.

Mae'n rhy anodd datrys rhai problemau heb help, fel problemau yn y teulu neu fwlio. Cer i gam 3.

## 2

### Meddylia am syniadau

Meddylia am syniadau er mwyn teimlo'n fwy gobeithiol. Meddylia am bethau i'w gwneud i helpu gyda'r gofid. Er enghraifft, os wyt ti'n gofidio am wneud cyflwyniad yn yr ysgol, beth am ymarfer gyda'r teulu? Os wyt ti'n gofidio am gweryla â ffrind, gofyn i'r ffrind ddod am de.

Os wyt ti'n methu meddwl am ddim byd, cer i gam 3.

## 3

### Gofynna am help

Mae siarad am dy ofidiau gyda ffrind da neu oedolyn sy'n llawn gofal wir yn helpu. Cofia rannu dy ofidiau!

DWED! DWED! DWED!

Gwell rhannu na gofidio heb help.

Mae gwyddonwyr wedi profi bod rhannu problemau'n lleihau straen!

49

Mae **newidiadau mawr** yn dy fywyd, fel **ysgol newydd,** neu gael brês ar dy ddannedd, yn gallu codi **ofn.**

## **Mae nerfau'n naturiol**
Dydy **pobl** ddim yn hoffi newid ac mae **gwyddonwyr** yn **gwybod pam.**

**1**

Mae'r ymennydd yn gweithio i greu arferion. Mae'n anodd newid.

**2**

Mae dy ymennydd yn hoffi sicrwydd. Gall unrhyw beth ansicr dy fygwth.

**3**

Gall newid effeithio ar ein perthynas ag eraill. Mae pobl yn byw mewn grwpiau fel arfer, felly rydyn ni'n gofidio os oes unrhyw newid i hyn.

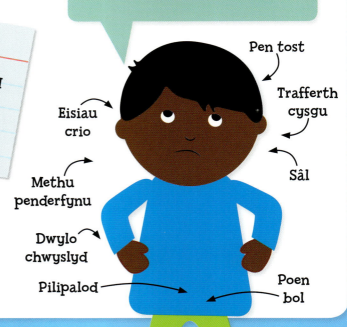

**Petai dim** byth yn **newid...**

**Echel yr ymennydd a'r perfedd** yw enw **gwyddonwyr** ar y cysylltiad rhwng dy **ben** a dy **goluddion.**

Os yw dy **ymennydd** yn poeni, mae'n ypsetio'r microbau yma.

Ymennydd

Mae cydbwysedd yn dy gorff.

Fel arfer mae'r microbau hyn yn treulio bwyd.

Microb

Perfedd

Mae **microbau** pitw bach yn gallu effeithio ar dy **ymennydd.**

Mae echel yr ymennydd a'r perfedd yn gallu creu cylched o deimlo'n sâl.

Fel arfer, dydy'r gofidiau ddim yn para'n hir. Byddi di'n dod i arfer â'r her newydd.

...fyddai **dim** pilipalod.

# Dyma **awgrymiadau**
i dy **helpu** gyda bron **unrhyw beth** newydd.

Tria ddod i wybod cymaint â phosib – cer i ddiwrnod agored ysgol ac edrych ar y wefan.

Rho bopeth yn barod y noson gynt; y dillad ac offer cywir ac ati.

Cynllunia rywbeth arbennig – er enghraifft pecyn bwyd gyda dy hoff fwydydd.

**Cofia!** Mae'r ysgol/deintydd/lle newydd yn gwybod dy fod ti'n NEWYDD. **Bydd rhywun yn dy roi ar ben y ffordd.** Bydd yna bobl sy'n helpu, ac efallai **mentor hyd yn oed.**

# Dechrau anodd?
Dydy popeth ddim yn mynd yn iawn yn syth ac efallai byddi di'n dal i fod yn nerfus am ychydig.

Bwyta frecwast iachus – bydd bwyd da'n gwneud i ti deimlo ac ymdopi'n well.

Meddylia am y pethau da am y lle neu'r profiad newydd.

Rhestra'r pethau rwyt ti'n edrych ymlaen atyn nhw.

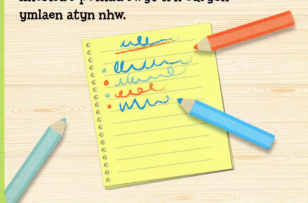

Sonia am dy ofidiau wrth oedolyn gofalgar i dawelu dy feddwl.

Tynna anadl ddofn, ymdawela, ac edrycha ar y ffeithiau heb boeni.

Cofia am ryw brofiad tebyg yn y gorffennol, a sut ymdopaist ti.

Os yw gwneud ffrindiau'n anodd i ti, cofia fod hyn yn gallu cymryd amser.

# Ymadael ac ysgaru

Mae **newid** yn rhan **naturiol** o fywyd, ond os oes newid o fewn dy deulu, gall fod yn **anodd ymdopi.** Os yw dy rieni'n penderfynu ysgaru neu ymadael, mae'n **bwysig dweud sut rwyt ti'n teimlo** a gofyn iddyn nhw am **atebion gonest.**

**Ffaith 1**
Nid plant sy'n gwneud i rieni ysgaru neu ymadael.

**Ffaith 2**
Dydy plant ddim yn gallu gwneud i rieni beidio ysgaru neu ymadael.

**Ffaith 3**
Mae dy rieni'n dal i dy garu di.

**Ffaith 4**
Dy rieni di yw dy rieni o hyd.

# Dod i ddeall problemau oedolion

## Adeg emosiynol
Mae'n bosibl y byddi di'n teimlo'r emosiynau hyn os yw dy rieni'n ymadael â'i gilydd.

### Anhapus
Dwyt ti ddim eisiau i dy rieni fyw mewn mannau gwahanol.

### Dig
Rwyt ti'n teimlo bod dy gartref sefydlog yn cael ei ddinistrio.

### Rhyddhad
Mae llawer o gweryla wedi bod yn ddiweddar.

### Trist
Efallai byddi di'n teimlo'n anobeithiol ac yn methu gwneud dim.

### Teimladau cymysg
Efallai byddi di'n teimlo cymysgedd o'r rhain i gyd.

### Ofn
Rwyt ti'n wynebu newid mawr a gall hynny godi ofn.

## Agor y drws!
Os yw hi'n anodd i ti siarad â dy rieni, siarada â ffrind. Ac os yw rhieni ffrind yn ysgaru, bydd yn glust i wrando. Mae dy ffrind yn mynd drwy adeg anodd.

## Achos bod rhieni'n gwahanu,

**gall** fod **cartref newydd**, a **theulu newydd** hyd yn oed.

**Dau gartref?**
Dyma sut i **deimlo'n gartrefol** yn y ddau:

Mae calendr yn dy helpu i weld pryd a ble byddi di.

Dilyna'r un drefn yn y ddau gartref os yw'n bosibl.

Os yw popeth sydd ei angen yn y ddau gartref, fydd dim angen pacio'n aml.

Rho gyfle i'r sefyllfa newydd.

**"Helô, pwy wyt ti?"**
Efallai bydd dy riant yn cyfarfod â rhywun newydd. Bydd angen amser i ti ddod i adnabod y person newydd. Dydy hi neu fe ddim yn dod yn lle dy fam neu dy dad go iawn. Rho gyfle iddo neu iddi, a chofia ddweud wrth oedolyn gofalgar os wyt ti'n poeni am rywbeth.

Efallai bydd dy emosiynau'n newid yn aml. Paid dioddef yn dawel.

Gofyn am gael bod ar dy ben dy hun gyda dy riant os oes angen.

## Teulu wedi'i gyfuno

Teulu wedi'i gyfuno yw pan mae dau berson yn symud at ei gilydd, gan ddod â'u plant o berthynas o'r blaen gyda nhw.

Mae'r pethau sy'n bwysig i ti'n **deg** ac yn **iawn.**

Mae'r rhan fwyaf o deuluoedd wedi'u cyfuno'n dweud eu bod nhw'n hapus.

Gwna'n siŵr bod gen ti le yn dy gartref i ti'n unig.

Efallai ei bod hi'n anodd deall beth sy'n digwydd, felly gofynna lawer o gwestiynau.

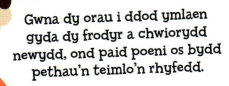

Gwna dy orau i ddod ymlaen gyda dy frodyr a chwiorydd newydd, ond paid poeni os bydd pethau'n teimlo'n rhyfedd.

57

# Tristwch

**Er** maint sydd yn dy **gwmwl tew**

O **law** a **rhew** a **rhyndod,**

Fe ddaw eto **haul ar fryn** –

**Nid ydyw hyn** ond **cawod.**

(hen bennill Cymraeg)

# Galaru

Mae **tristwch** yn dangos i bobl eraill bod angen **help, cysur,** a **chefnogaeth** arnat ti.

Gwgu

Llygaid llawn dagrau

Llais trist, isel sy'n mwmian

## Mae crio'n gwneud lles.

Mae angen rhyddhau'r tristwch er mwyn cael gwared arno. Ac mae dy gorff yn dy helpu i wneud hynny pan wyt ti'n crio.

Breichiau wedi'u croesi

Mae'n naturiol ac yn iach i ti deimlo'n drist weithiau.

**Dim ond pobl sy'n crio dagrau oherwydd eu teimladau.**

# Cynhwysion dagrau

**Endorffinau**
(Hormonau hapus)

**Halen**

**Mwcws**

**Dŵr**

**Tocsinau**

**Olew**

**Gormod o hormonau straen**

Dim syndod dy fod ti'n teimo'n well ar ôl crio ...

**Hormonau**
yw'r cynhwysion hud. Maen nhw'n lleihau poen ac yn gwneud i ti deimlo'n well pan maen nhw'n cael eu rhyddhau.

... mae'r holl bethau hyn yn dod allan ohonot ti!

Dydy teimlo'n **drist** ddim yn braf. Dyma **chwe ffordd** o gael gwared ar **dristwch.**

## 1

**Meddylia am dy le hapus**

Caea dy lygaid a dychmyga fan lle roeddet ti'n hapus iawn, fel ar wyliau neu ar dy ben-blwydd.

Nawr tynna lun dy le hapus!

## 2

**Anadla i ymdawelu**

Eistedd gan groesi dy goesau, a dychmyga fod yr haul ar dy wyneb. Nawr anadla fel cacynen. Mae'n rhoi cysur, yn gwneud i ti ymawelu, ac mae'n heddychlon.

Yna rho dy fysedd yn dy glustiau.

Anadla'n ddwfn drwy dy drwyn, fel bod dy frest yn chwyddo.

Hymia wrth anadlu allan yn araf drwy dy geg.

## 3

**Geiriau ymdawelu**
Dwed wrth dy hun,
"Dwi'n iawn",
"Dwi'n gallu ymdopi",
"Dydy pethau
ddim mor
ofnadwy
â hynny".

Dwi'n gallu ymdopi

Dwi'n iawn.

## 4

**Y tri mawr**
Ysgrifenna dri rheswm pam dydy pethau ddim mor ofnadwy â hynny, neu dair ffordd rwyt ti'n gallu ymdopi, neu dri rheswm pam byddi di'n iawn.

## Weithiau y **cyfan** sydd ei **angen** yw **cwtsh fawr.**

## 5

**Gwna rywbeth
rwyt ti'n ei fwynhau**
Mae mynd i rywle arall neu wneud rhywbeth rwyt ti'n ei garu yn dy helpu i deimlo'n hapus eto.

## 6

**Dwed** wrth rywun pam rwyt ti'n teimlo'n drist.

# Ffeil ffeithiau **bwlio**

Mae **bwlio'n** gwneud **drwg** i bawb.

Mae'n **bryd** dweud y **gwir** am **fwlio**.

**Beth yw bwli?**

**Bwli yw rhywun sy'n ...**

**Ffaith: cadw person allan o grŵp yw un o'r mathau gwaethaf o fwlio.**

**... defnyddio geiriau i**
- fygwth
- lledu storïau
- pryfocio ac i alw enwau

**... defnyddio nerth i**
- gicio, i fwrw, i wthio neu i faglu
- mynd â stwff rhywun neu i'w dorri
- codi ofn ar rywun arall yn fwriadol

**... brifo drwy**
- gadw person allan o grŵp
- dweud wrth blant eraill am beidio â bod yn ffrindiau â rhywun
- codi cywilydd ar rywun yn fwriadol

## Ble mae'n digwydd?

Wrth deithio'n ôl ac ymlaen o'r ysgol.

Yn yr ysgol.

Ar y we, a gartref.

## Sut mae'n teimlo i gael dy fwlio

- Rwyt ti'n teimlo dy fod ti'n methu ei stopio.

- Efallai byddi di'n teimlo'n llai ac yn wannach na'r bwli.

- Rwyt ti'n teimlo ar dy ben dy hun – mae mwy ohonyn nhw.

- Efallai byddi di'n teimlo'n ddryslyd – pam mae rhywun mor gas?

- Rwyt ti'n teimlo bod neb i siarad ag e, nac i dy gefnogi.

- Rwyt ti'n teimlo'n drist ac yn unig iawn.

**OND mae help ar gael.
Tro'r dudalen i wybod mwy.**

Mae gen ti **hawl** i deimlo'n **ddiogel bob amser.**

# **Dydy bwlio BYTH yn dderbyniol.**
## Dyma **gyngor** defnyddiol i **bawb.**

**Os** yw rhywun yn **dy fwlio di …**

Dwed wrth rywun rwyt ti'n ei drystio. Os yw'n haws, ysgrifenna nodyn at y person.

**Paid cadw'r bwlio'n gyfrinach.**
Dwed, sawl tro os oes angen, nes bod rhywun yn gwneud rhywbeth.

Cadw draw o fannau lle mae'r bwli'n pigo arnat ti, sydd allan o olwg athrawon.

Os wyt ti'n gallu, **aros ynghanol dy ffrindiau** a phobl fydd yn dy gefnogi di.

Pobl i ddweud wrthyn nhw: rhieni, athrawon, y pennaeth, 'bydis', neu ffrindiau henach. Cei di help.

**Os** wyt ti'n **gweld rhywun** sy'n cael ei **fwlio:**

**Paid annog** y bwli neu **aros** i **wylio.**

Ceisia wneud ffrindiau â'r bwli hefyd – dangosa fod dim angen bwlio er mwyn cael dy dderbyn neu fod yn cŵl.

Bydd yn garedig wrth yr un sy'n cael ei fwlio – efallai byddi di'n ei hoffi.

Os wyt ti'n gweld rhywun yn **cael ei fwlio, chwilia am rywun i helpu i'w stopio.**

**Yn gyntaf, aros a meddylia!**

**Os** mai **ti** yw'r **bwli ...**

Meddylia am yr holl niwed a'r poen rwyt ti'n ei achosi.

Chwilia am ffordd arall i fod yn ymosodol (fel chwaraeon).

**Siarada** â **chynghorydd ysgol** neu **oedolyn gofalgar** os oes gen ti broblemau.

Mae bwlis yn fwy tebygol o fynd i helynt pan maen nhw'n henach, yn ogystal â nawr. Felly stopia!

67

# Dwi'n **wahanol!**

Mae **teimlo'n 'wahanol',** fel nad wyt ti'n 'ffitio i mewn', yn gallu gwneud i ti deimlo'n **drist ac yn unig.** Ond mae **pawb yn unigryw,** gan dy **gynnwys di!** A does dim byd gwahanol am hynny.

Mae llawer o blant sy'n teimlo'n 'wahanol' yn llwyddiannus iawn.

**Bydd yn ti dy hunan!** Ti yw'r un gorau i wneud hynny.

Doedd Albert Einstein ddim yn 'ffitio i mewn' yn yr ysgol. "Ci diog" oedd enw un o'i diwtoriaid arno fe! Doedd e byth yn gwisgo sanau – hyd yn oed pan gafodd wahoddiad i'r Tŷ Gwyn i swper! Pan oedd yn oedolyn, daeth yn un o'r gwyddonwyr mwyaf enwog a deallus erioed.

## Dod o hyd i ffrindiau

Mae gan bawb hawl i fod yn hapus, felly os wyt ti'n teimlo dy fod ti'n cael dy adael allan ...

- gofyn i dy athro/athrawes am help. Maen nhw'n dda am ddewis ffrind fel arfer

- ymuna â chlwb i ddod o hyd i ffrindiau â diddordebau tebyg

Mae'n bwysig **credu** yn dy hunan.

## Sgiliau cyfeillgarwch

Bydd yn gyfeillgar

Gwrandawa

Rhanna

Dwed bethau caredig

Cynigia dy help

Bydd yn garedig

Cadwa gyfrinachau

69

**Mae anifail anwes yn dod yn aelod o'r teulu ac yn ffrind gorau mewn dim o dro.**

Ond, yn anffodus, dydy anifeiliaid ddim yn byw mor hir â phobl. Felly mae'r hapusrwydd yn gallu troi'n dristwch pan maen nhw'n marw.

### Cylch naturiol bywyd

Mae anifail anwes yn gallu marw oherwydd henaint, salwch neu ddamwain. Mae marwolaeth yn rhan o fywyd, felly mwynha bob eiliad gyda'r anifail anwes wrth ofalu amdano.

Gelert ydw i! Ro'n i'n dwlu ar chwarae pêl!

### Pum cam tristwch

Ar ôl colli anifail anwes hoff, efallai byddi di'n teimlo un o'r pum peth hyn, mewn unrhyw drefn.

### Rwyt ti'n methu credu

Mae'n anodd derbyn beth sydd wedi digwydd. Rwyt ti'n gwadu bod dy anifail anwes hoff wedi marw hyd yn oed.

### Mae'n dy wylltio di

Byddi di'n meddwl bod beth ddigwyddodd yn annheg, ac yn ceisio rhoi bai. Byddi di'n cofio adeg pan fuest ti'n gas wrth yr anifail ac yn dy feio dy hunan.

Fydd dy gariad at dy anifail anwes byth yn marw – bydd yn byw am byth yn dy atgofion.

Beti ydw i! Ro'n i'n dwlu ar gusanu fy ffrind.

Harri ydw i! Ro'n i'n dwlu ar lenwi fy mochau.

## Dweud hwyl fawr

Fel teulu, mae'n braf dweud hwyl fawr i'r anifail anwes. Gallech chi gael seremoni, ysgrifennu llythyr neu gerdd, neu blannu coeden. Bydd gwneud hyn yn eich helpu i symud ymlaen.

Meri Mew ydw i! Ro'n i'n dwlu ar orwedd yn yr haul.

## Rwyt ti'n bargeinio

Rwyt ti'n gwneud bargeinion, fel "os yw hi'n braf heddiw, fydd hyn ddim yn wir." Mae hyn yn normal hefyd. Mae'n anodd iawn derbyn marwolaeth.

## Rwyt ti'n teimlo'n drist iawn

Efallai byddi di'n dechrau teimlo'n drist iawn ac eisiau bod ar dy ben dy hun i grio a galaru. Mae'n iawn i ti grio!

## Rwyt ti'n derbyn y peth

Yn y pen draw, byddi di'n derbyn y golled ac yn gweld dy fod ti'n gallu cofio am yr hwyl gawsoch chi gyda'ch gilydd.

**Heddiw, ti** wyt **ti.**
**Does** dim **dwywaith** am **'ny.**
**Does dim** neb arall **byw**
Sy'n fwy **ti** nag wyt **ti!**

*Happy Birthday to You!*

**Dr. Seuss**

**Beth bynnag** rwyt ti'n ei **wneud,** ei **feddwl** neu'i **deimlo,** rwyt ti'n **unigryw.** A dweud y gwir, rwyt ti'n un o **ryfeddodau** natur.

# Ti biau'r rhain, dim ond ti

Dy gredoau

Dy bersonoliaeth

Olion dy fysedd a bysedd dy draed

Siâp dy glustiau

Dy irisau (rhan liwgar dy lygaid)

Y darnau anwastad ar dy dafod

Dy lais

Dy DNA (y fformiwla enetig sy'n dweud wrth dy gelloedd sut i dy adeiladu di)

## yn unigryw - yn union fel ti!

# Rwyt ti'n gallu ei wneud e!

**Credu** dy fod ti'n **gallu gwneud rhywbeth** yw hanner y frwydr. Os wyt ti'n **credu** dy fod ti'n gallu **gweithio'n galed** a **gwella,** byddi di *yn* gweithio'n galed ac yn gwella.

## Meddylfryd tyfu

- Dwi'n gallu dysgu beth bynnag dwi eisiau.

- Dwi'n dal ati pan mae pethau'n anodd i mi.

- Bydd hyn yn cymryd amser ond bydda i'n dal ati.

- Dwi'n dysgu o gamgymeriadau.

- Bydda i'n gwneud fy ngorau.

- Dwi'n hoffi her.

- Dwi'n credu ynof fy hunan.

Os galla i feddwl fel hyn, galla i wneud unrhyw beth.
**I ffwrdd â ni!**

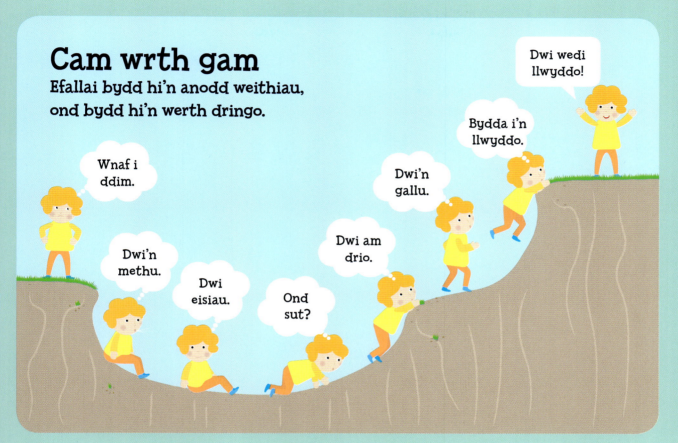

## Cam wrth gam

Efallai bydd hi'n anodd weithiau,
ond bydd hi'n werth dringo.

Wnaf i ddim.

Dwi wedi llwyddo!

Bydda i'n llwyddo.

Dwi'n gallu.

Dwi am drio.

Dwi'n methu.

Dwi eisiau.

Ond sut?

Does neb yn berffaith.
Mae pawb yn gwneud
camgymeriadau, felly bydd
yn garedig wrth dy hunan!
Dathla'r pethau gwahanol,
rhanna'r pethau tebyg,
a chreda yn dy hunan.

## Taith yw bywyd ...

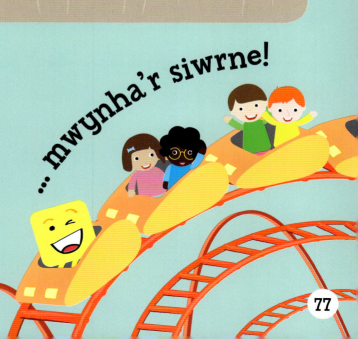

... mwynha'r siwrne!

## Gall y geiriau hyn dy helpu i esbonio sut rwyt ti'n teimlo.

# Trist

**Dagreuol** - Rwyt ti eisiau crio neu rwyt ti'n crio.

**Diflas** - Mae popeth yn fwy tywyll nag arfer.

**Diobaith** - Pan wyt ti'n teimlo bod dim gobaith.

**Diymadferth** - Pan wyt ti'n teimlo bod neb i dy helpu di.

**Isel** - Trist yn gyffredinol.

**Llegach** - Difywyd a thrist.

**Siomedig** - Trist achos nad yw pethau fel roeddet ti'n meddwl bydden nhw.

**Wedi ypsetio** - Anhapus, fel gallet ti grio.

**Yn torri 'nghalon** - Yn drist iawn, fel tasai dy galon di'n torri'n ddwy.

# Hapus

**Ar ben fy nigon** - Yn hynod o hapus.

**Balch** - Yn fodlon gyda rhywbeth rwyt ti wedi'i wneud.

**Bodlon** - Hapus fel mae pethau.

**Caru** - Hoffi'n FAWR.

**Dedwydd** - Yn hapus a bodlon iawn.

**Doniol** - Rwyt ti'n dda am ddweud jôcs.

**Llawen** - Gair arall am hapus.

**Wrth fy modd** - Yn hapus iawn.

# Dig

**Berwi** - Ar fin mynd yn wyllt gacwn.

**Blin neu grac** - Ychydig yn ddig.

**Cynddeiriog** - Yn ddig dros ben.

**Cenfigennus** - Eisiau rhywbeth sydd gan rywun arall.

**Pigog** - Dim amynedd at ddim byd.

**Rhwystredig** - Rwyt ti'n teimlo nad wyt ti wedi cael beth oedd arnat ei angen.

**Yn llawn gwenwyn** - Yn teimlo'n gas at bawb a phopeth.

**Yn wyllt gacwn** - Yn teimlo'n hynod o ddig.

# Ofnus

**Gofidus** - Rwyt ti'n poeni am rywbeth.

**Mewn braw** - Yn ofnus dros ben.

**Mewn sioc** - Wedi rhyfeddu ac ypsetio'n ofnadwy.

**Nerfus** - Yn poeni, fel gafr ar daranau.

**Pryderus** - Rwyt ti'n poeni bod rhywbeth dychrynllyd yn mynd i ddigwydd.

**Wedi arswydo** - Yn rhy ofnus i feddwl am ddim byd arall.

**Yn llawn panig** - Mor ofnus, rwyt ti'n colli rheolaeth.

**Yn llawn straen** - Yn poeni am bethau drwy'r amser.

## Teimlo'n gymysglyd?

Mae'n bosibl teimlo'n hapus ac yn drist ar yr un pryd, neu'n ofnus ac yn gyffrous, neu'n bigog ac yn ddoniol. Defnyddia eiriau o unrhyw golofn, neu ychwanega dy eiriau dy hunan.

**Canolbwyntio** – Rhoi dy holl sylw i rywbeth.

**Cemegyn** – Math o sylwedd.

**Cortecs blaen yr ymennydd** – Y rhan sydd reit ar flaen dy ymennydd.

**Cyfaddawdu** – Os wyt ti'n anghytuno â rhywun, trafod er mwyn cwrdd yn y canol.

**Diolchgar** – Bod yn barod i ddiolch.

**Dopamin** – Cemegyn sy'n cario neges yn yr ymennydd.

**Emosiwn** – Teimlad cryf, e.e. tristwch, dicter, neu lawenydd.

**Endorffin** – Mae dy ymennydd yn rhyddhau'r cemegyn hwn i ladd poen.

**Gofid** – Poeni am rywbeth nad wyt ti'n siŵr amdano.

**Gwyddonydd** – Person sydd wedi astudio a dod yn arbenigwr ar wyddoniaeth.

**Hipocampws** – Canolfan emosiynau ac atgofion yn dy ymennydd.

**Hormon** – Sylwedd yn dy waed sy'n rhoi hwb i ti wneud pethau.

**Hypothalamws** – Rhan ym mlaen dy ymennydd.

**Ioga** – Mae pobl yn gwneud ystumiau gyda'r corff a rheoli'r anadl i ymlacio ac i wella eu hiechyd.

**Meddylgarwch** – Pan wyt ti'n canolbwyntio ar yr eiliad hon, ac ar yr un pryd yn sylwi ar dy deimladau, dy feddyliau a'r pum synnwyr. Term arall am hyn yw 'ymwybyddiaeth ofalgar'.

**Microb** – Bacteriwm bach yn dy berfedd.

**Myfyrio** – Pan wyt ti'n canolbwyntio dy feddwl am ychydig ar fod yn dawel neu ar siantio er mwyn ymlacio.

**Ocsitosin** – Hormon sy'n cael ei alw'n "hormon cwtsio", gan fod mwy ohono'n dod pan wyt ti'n cwtsio.

**Serotonin** – Cemegyn yn dy ymennydd sy'n helpu teimladau da i lifo.

**Straen** – Tensiwn meddyliol neu emosiynol.

**Stumog** – Lle mae dy fwyd yn cael ei dreulio.

**Symptom** – Arwydd o rywbeth sydd ddim yn dda.

**Treulio** – Torri bwyd yn ddarnau llai yn dy stumog.

**Thalamws** – Un o ddwy ran o fater llwyd yn dy ymennydd. Maen nhw'n gweithio fel switsfwrdd.

**Ymadael** – Pan mae dau berson sydd mewn perthynas yn gwahanu.

**Ymdawelu** – Mynd yn llonydd ac yn dawel, heb gynhyrfu.

**Ymlacio** – Pan wyt ti'n ymlacio, rwyt ti'n gofidio llai am bethau.

**Ysgariad** – Priodas yn dod i ben yn gyfreithiol mewn llys barn.

**Ysglyfaeth** – Anifail sy'n cael ei hela gan anifail arall.

# Mynegai

## Cydnabyddiaeth

Hoffai'r cyhoeddwr ddiolch i'r canlynol am eu caniatâd
caredig i atgynhyrchu eu ffotograffau:

Allwedd: u-uwchben; g-gwaelod; c-canol;
p-pellaf; ch-chwith; d-de; t-top)

10 **123RF.com:** Iryna Bezianova / bezyanova (g). 11 **123RF.com:**
Iryna Bezianova / bezyanova (gch, gd, gc); 14 **123RF.com:**
Choreograph. 16 **123RF.com:** Alexassault (gc). 17 **Alamy
Stock Photo:** Folio Images (ch). 21 **123RF.com:** Bartkowski (cg).
**Dorling Kindersley:** Natural History Museum, Llundain (pcch);
Stephen Oliver (cg/Lolipop). **Dreamstime.com:** Tracy Decourcy
/ Rimglow (gc); Vaeenma (gd). 24 **123RF.com:** Wavebreak
Media Ltd (g). 28 **Dreamstime.com:** Nataliia Prokofyeva /
Valiza14 (g). 29 **123RF.com:** michaeljayfoto (cg); Roman Sigaev
(t). **Dreamstime.com:** Glinn (cdg/Porfa; Mikhail Kokhanchikov /
Mik122 (cdg); Larshallstrom (g). 30-31 **Depositphotos Inc:**
GerakTV (t). 30 **123RF.com:** Sergey Oganesov / ensiferum.
32 **123RF.com:** alhovik (tch); Wang Tom (cchg); Hyunsu Kim
(cg); Ion Chiosea (gc). 34 **Dreamstime.com:** Leonello Calvetti /
Leocalvetti. 38 **123RF.com:** Janek Sergejev (c). 39 **123RF.com:**
Roman Sigaev. 41 IStockphoto.com: EvgeniiAnd.
42 **123RF.com:** Micha Klootwijk (Cefndir); Cora Müller (g).
44 **123RF.com:** Yarruta. 46 **Depositphotos Inc:** Maximmm1
(gdd). **Dreamstime.com:** Glinn (cchg, gch). 47 **123RF.com:**
michaeljayfoto (cg/Ymyl porfa); Roman Sigaev (c).
**Dreamstime.com:** Glinn (cg). 48 **Dreamstime.com:**
Zokad182g (tch). 51 **Dreamstime.com:** Piotr Marcinski / B-d-s
(c). 52-53 **Dreamstime.com:** Larshallstrom (cdg). 54 **123RF.com:**
Maksym Bondarchuk / tiler84 (cdg); Nontawat Boonmun /
porstock (cb); Julia Moyceenko / juliza09 (cg/Pot o fioledau);
Denys Kurylow / denyshutter (g). 54-55 **123RF.com:** Roman
Sigaev (t). **Dreamstime.com:** Glinn (Cefndir). 55 **123RF.com:**
jessmine (gc/Can dyfrio porffor); Alexander Morozov (gc).
56 **123RF.com:** syntika82 (tch, gc). 57 **123RF.com:** syntika82
(cdu). 58 **123RF.com:** lucadp. 60 **123RF.com:** Anurak
Ponapatimet. 61 **Dreamstime.com:** Andrey Eremin / Mbongo
(gc). 64 **123RF.com:** Valeriy Lebedev (Cysgod); Wavebreak
Media Ltd (bd). 66-67 **Dreamstime.com:** Larshallstrom.
69 **Alamy Stock Photo:** Alpha Historica (tch). **Dreamstime.com:**
Larshallstrom (d). 70 **123RF.com:** Csanad Kiss / vauvau (cdg).
71 **123RF.com:** Antonio Gravante (cch). 74-75 **123RF.com:**
sxwx (t). 74 **123RF.com:** Pteshka. 75 **Alamy Stock Photo:**
F1online digitale Bildagentur GmbH. 76 **Alamy Stock Photo:**
Hero Images Inc.. 79 **123RF.com:** Roman Sigaev
**123RF.com:** Alexassault (clawr cefn).

Pob delwedd arall © Dorling Kindersley
I gael rhagor o wybodaeth ewch i: www.dkimages.com

**Hefyd hoffai DK ddiolch i:**
Marie Lorimer am y mynegai, Caroline Hunt am brawf ddarllen,
a Ben Patané am help gyda'r dylunio.

RILY